Friedrich Busch

Der Einfluss der Menschlichkeit auf das Recht mit besonderer Berücksichtigung der Seegesetzgebung des deutschen Reiches

Friedrich Busch

Der Einfluss der Menschlichkeit auf das Recht mit besonderer Berücksichtigung der Seegesetzgebung des deutschen Reiches

ISBN/EAN: 9783743491502

Hergestellt in Europa, USA, Kanada, Australien, Japan

Cover: Foto ©Suzi / pixelio.de

Manufactured and distributed by brebook publishing software (www.brebook.com)

Friedrich Busch

Der Einfluss der Menschlichkeit auf das Recht mit besonderer Berücksichtigung der Seegesetzgebung des deutschen Reiches

Der Einfluss

der

Menschlichkeit auf das Recht

mit besonderer Berücksichtigung der Seegesetzgebung des deutschen Reiches.

Inaugural-Dissertation

zur

Erlangung der juristischen Doctorwürde

der

juristischen Fakultät der Georg-Augusts-Universität

zu Göttingen

vorgelegt von

Friedrich Busch

aus Göttingen.

Göttingen,
Druck der Univ.-Buchdruckerei von E. A. Huth.
1891.

Inhalt.

	Seite.
Einleitung	5
I. Abschnitt: Besteht eine rechtliche Verpflichtung, im Interesse notleidender Mitmenschen Lasten auf sich zu nehmen?	8
I. Allgemeine Grundsätze der Moral und des Rechts	8
II. Positive Bestimmungen in den vom deutschen Reiche erlassenen Seegesetzen	11
III. Einzelne gerichtliche Entscheidungen	17
II. Abschnitt: Ist man berechtigt, in fremde Rechtssphären einzugreifen, wenn es sich darum handelt, in Lebensgefahr befindliche Menschen zu retten?	20
I. Allgemeine Betrachtungen	20
II. Positive Bestimmungen einzelner Seegesetze und des Handelsgesetzbuches	21
III. Darf man im Notfall fremde Güter opfern, wenn auf andere Weise die gefährdeten Personen nicht zu retten sind?	28
III. Abschnitt: Die bestehenden Grundsätze der Seegesetzgebung über Rettungs- und Bergelohn	33
I. Grundsätze des Handelsgesetzbuches über Gewährung eines Bergelohnes bei Bergung von Gütern	33
II. Grundsätze über die Gewährung eines Rettungslohnes für Rettung von Menschen	34
III. Sind die bestehenden Grundsätze über Gewährung eines Rettungslohnes für Rettung von Menschen gerecht und practisch?	36
IV. Würde der Staat für die Zahlung eines Rettungslohnes eintreten müssen?	42
V. Würde eine völkerrechtliche Regelung des Hülfs- und Rettungslohnes zu empfehlen sein?	47

Einleitung.

Im Anfang des Jahres 1889 wurden von dem Capitain des englischen Kauffahrteischiffes „Missouri" 734 Passagiere und Personen der Besatzung des dänischen Auswandererschiffes „Danmark", das sich in Seegefahr befand und zur Fortsetzung seiner Reise untauglich war, auf das eigene Schiff übernommen und dadurch von dem ihnen drohenden sicheren Tode errettet.

Die Umstände, unter denen die Rettung erfolgte, erweckten das lebhafteste Interesse nicht nur der beim Seehandel beteiligten Kreise, sondern auch der Juristen aller schifffahrttreibenden Länder.

Der Capitain des „Missouri" beabsichtigte nämlich ursprünglich, die „Danmark" in's Schlepptau zu nehmen und in den nächsten Hafen zu bringen, indessen erwies sich dieser Vorsatz wegen der vollständigen Seeuntüchtigkeit der „Danmark" als unausführbar, und es blieb dem Capitain des „Missouri" nichts übrig, als alle auf der „Danmark" in Lebensgefahr befindlichen Personen in sein eigenes Schiff zu übernehmen, wenn er sie nicht untergehen lassen wollte.

Der auf der „Missouri" zur Verfügung stehende Raum reichte für eine so grosse Zahl fremder Personen jedoch nicht aus, und viele derselben mussten unter freiem Himmel auf Deck campieren.

Um nun nicht diese bemitleidenswerten Personen, die soeben die grössten Anstrengungen und seelischen Erregungen überwunden hatten und sich in einem hohen Grade der Ermattung befanden, einer neuen Lebensgefahr, der des Erfrierens und Hinsiechens an Krankheiten, auszusetzen, entschloss sich der Capitain des „Missouri", einen Teil seiner Zwischendecksladung zu opfern und dadurch ein sicheres Obdach für die hülfsbedürftigen Personen zu schaffen.

Die That des Capitains, der sich in seinen Massnahmen lediglich durch Mitleid mit dem Geschick der Unglücklichen leiten liess, hat vom Standpunkt der Moral aus nur eine Beurteilung gefunden. Der Capitain hat für sein entschlossenes und thatkräftiges Handeln die wärmste Anerkennung und reichen Dank geerntet, wenngleich er von diesem Gesichtspunkte aus nur seine Pflicht und Schuldigkeit gethan hat.

Sehr geteilt sind dagegen die Ansichten derjenigen, welche die Handlung des Capitains vom Standpunkt des Rechts aus beurteilt haben, insbesondere in Bezug auf die Frage, ob er für den von ihm an den fremden Gütern angerichteten Schaden deren Eigentümern gegenüber ersatzpflichtig sei.

Während die Einen ihm schlechthin eine Pflichtverletzung, die wohl vom Standpunkt der Moral, aber nicht von dem des Rechts aus gerechtfertigt erscheine, zur Last legen und ihn für haftbar erklären, wollen ihn andere von jeder Ersatzpflicht freisprechen, und es ist sogar die Frage aufgeworfen, ob er sich nicht einer strafbaren Handlung schuldig gemacht hätte, wenn er die Preisgabe der Güter unterlassen hätte.

Wegen der Eigentümlichkeit des Falles, der bislang einzig in seiner Art dasteht, und des Interesses, das derselbe in weiten Kreisen gefunden hat, erscheint es nicht unangebracht, in einer kurzen Abhandlung zu prüfen, ob das Recht eine Verpflichtung zur Rettung von Menschenleben anerkennt, bezw. welchen Einfluss die Gebote der Menschlichkeit auf die Rechtsordnung, insbesondere im Gebiete des Seerechts, ausüben.

Ich gedenke diese Aufgabe in der Weise zu lösen, dass ich

1. die Frage erörtere, wie weit der Einzelne verpflichtet ist, im Interesse notleidender Mitmenschen Lasten auf sich zu nehmen und

2. feststelle, ob man berechtigt ist, dabei selbst in fremde Rechtssphären einzugreifen.

Im Anschluss hieran beabsichtige ich, im 3. Hauptteile meiner Arbeit die bestehenden Grundsätze über Rettungs- und Bergelohn mit Rücksicht auf die Rettung von Menschenleben einer Erörterung zu unterziehen.

I. Abschnitt.

Besteht eine rechtliche Verpflichtung, im Interesse notleidender Mitmenschen Lasten auf sich zu nehmen?

I. Es ist zweifellos, dass eine derartige sittliche Verpflichtung besteht, da es das erste und höchste Gebot der Menschlichkeit ist, seinen in Not und besonders in Lebensgefahr befindlichen Mitmenschen beizustehen, selbst wenn man zu dem Zwecke erhebliche Lasten und Opfer an materiellen Gütern auf sich nehmen müsste. Ja, unter Umständen fordert die Moral sogar, dass man für seine Mitmenschen selbst sein Leben wage, wenn auch die Fälle, in denen die Anforderungen der Moral so weit ausgedehnt werden können, nur selten sind und ganz besondere Beziehungen zur Voraussetzung haben.

Besteht aber auch eine gleiche rechtliche Verpflichtung?

Einen Satz, durch den die Unterstützung hülfsbedürftiger Personen allgemein befohlen würde, hat das Recht aus guten Gründen nicht aufgestellt. Es ist nicht seine Aufgabe, solche Verhältnisse, die lediglich in das Gebiet der Moral gehören, und solche Handlungen, die in sittlicher Freiheit vorgenommen werden sollen, unter seine Controle zu stellen.

Im Band 25 von v. Jhering's Jahrbüchern für die Dogmatik des heutigen römischen und deutschen Privatrechts spricht Kohler in einem längeren Aufsatze über die Menschenhülfe im Privatrecht.

Er führt aus, dass eine allgemeine privatrechtliche Verpflichtung zur Menschenhülfe nicht existiere und dass es aus ethischen Gründen nicht zu empfehlen sei, eine solche rechtliche Verpflichtung zu statuieren. Durch eine solche Rechtspflicht würde die Macht der Individualität bedeutend geschwächt und der Character, der nur in der freien Wahl seine Grösse finden könne, würde unter dem Drucke des äusseren Zwanges Not leiden. Daneben würde die Lebensaufgabe eines Jeden durch ständige Nebenaufgaben und Unterbrechungen beeinträchtigt werden.

Derjenige, der seinen in Lebensgefahr befindlichen Mitmenschen nicht unterstützt, wird demnach rechtlich nicht zur Verantwortung gezogen werden können, denn wo kein Gesetz, da ist auch kein Richter.

Da also eine allgemeine rechtliche Unterstützungspflicht nicht besteht, so scheinen Recht und Moral hier, wo es sich um das vornehmste Gebot der Menschlichkeit handelt, weit auseinanderzugehen. Indessen werden wir sehen, dass das Recht trotzdem mit den von der Moral aufgestellten Forderungen rechnet und dieselben sogar in dringenden Fällen, wo besondere Zweckmässigkeits- oder Humanitätsrücksichten es gebieten, als rechtliche Forderungen hinstellt.

Ich erinnere hier zunächst an das Gebiet der actio negotiorum gestorum, die als Beweis dafür dienen mag, dass das Recht sich weder gleichgültig noch sogar feindlich zu der Forderung der Moral stellt und einerseits die Interessen der hülfsbedürftigen und andererseits diejenigen der hülfeleistenden Personen zu wahren weiss.

Denn, während das Recht im allgemeinen denjenigen, der ohne Amt oder Auftrag handelt, die Folgen seiner Handlungsweise allein tragen lässt und nicht unter seinen Schutz stellt, macht es hier, wo es sich um die nützliche Unterstützung hülfsbedürftiger Personen handelt, eine Ausnahme. Das Recht berücksichtigt lediglich das Motiv, aus dem die Handlung entsprungen ist, und es beweist dadurch, dass es sogar zur Unterstützung hülfsbedürftiger Personen aufmuntern will.

Aber das Recht geht noch weiter, indem es unter Umständen die Unterstützung notleidender Personen als Rechtspflicht hinstellt und die Vernachlässigung derselben mit Strafen belegt.

Einmal ist dieses geschehen im Falle des § 360[10] des Reichsstrafgesetzbuches, der folgendermassen lautet:

„Mit Geldstrafe bis zu einhundertfünfzig Mark oder mit Haft wird bestraft, wer bei Unglücksfällen oder gemeiner Gefahr oder Not von der Polizeibehörde oder deren Stellvertreter zur Hülfe aufgefordert, keine Folge leistet, obgleich er der Aufforderung ohne erhebliche eigene Gefahr genügen konnte."

Durch diese Bestimmung des Reichsstrafgesetzbuches wird die sittliche Verpflichtung, in Notfällen seine Mitmenschen zu unterstützen, als Rechtspflicht anerkannt unter der Voraussetzung, dass eine Aufforderung zur Hülfeleistung seitens der Polizeibehörde voraufgegangen ist, und eine Vernachlässigung der Unterstützungspflicht wird in diesem Falle mit gesetzlicher Strafe bedroht.

Aber auf speciellen Gebieten, und zwar da, wo die Forderungen der Menschlichkeit so dringend und häufig auftreten, dass es nicht zweckmässig sein würde, alles der Thätigkeit der Beamten und dem freien Willen der Einzelnen zu überlassen, ist durch Gesetz eine rechtliche

Unterstützungspflicht des Einzelnen schlechthin festgestellt und nicht erst von der Aufforderung einer Behörde abhängig gemacht. Derartige Bestimmungen finden sich ausser auf anderen Gebieten, wie z. B. dem des Bergbaues, vielfach in den vom deutschen Reiche erlassenen Seegesetzen.

II. Die Verhältnisse der Seeschifffahrt erfordern eine eigentümliche Behandlung, weil an und für sich die Seeschifffahrt mit grossen Gefahren für Gut und Leben verknüpft ist, und die Schiffsmannschaft sich häufig in fremden Ländern, vielleicht unter barbarischen Völkern, in hülfsbedürftiger Lage befindet, aus der sie sich mit eigenen Kräften nicht befreien kann.

Die Seeleute sind daher häufig auf gegenseitige Unterstützung angewiesen, und ihre Situation kann eine verzweifelte werden, wenn ihnen die erwartete notwendige Hülfe nicht gewährt wird.

Das deutsche Reich hat nun einesteils Bestimmungen getroffen im Interesse der im Auslande befindlichen hülfsbedürftigen Staatsangehörigen und andererseits Vorschriften erlassen, die den Zweck haben, teils die Gefahren der Seeschifffahrt zu vermindern und Unglücksfällen vorzubeugen, teils aber nach eingetretenem Unglücksfalle den Verlust von Menschenleben und Eigentum nach Möglichkeit zu verhüten.

In erster Linie sind es Humanitätsrücksichten, die zu diesen Bestimmungen geführt haben und in Übereinstimmung mit der Forderung der Moral dem Einzelnen mancherlei Lasten und Pflichten auferlegen.

Viele Verfügungen, wie z. B. die Not- und Lootsen-Signalordnung, die Verordnung über den einzuhaltenden Cours, die Führung von Flaggen und Lichtern u. s. w., die alle den Zweck haben, möglichst für die Sicherheit der dem Meere anvertrauten Menschen und Güter zu sorgen, interessieren uns hier nicht, da dieselben mehr aus Rücksicht auf die öffentliche Ordnung, als aus Humanitätsrücksichten erlassen sind.

Letztere sind schon vorherrschend in der **Strandungsordnung vom 17. Mai 1874**, die in erster Linie den Zweck hat, für die Rettung der gefährdeten Menschenleben zu sorgen, und dem Einzelnen weitgehende Pflichten auferlegt. Im § 4 der Strandungsordnung heisst es:

„Wer ein auf den Strand geratenes oder sonst unweit desselben in Seenot befindliches Schiff wahrnimmt, hat hiervon sofort dem zuständigen Strandvogt oder der nächsten Gemeindebehörde Anzeige zu machen. Der Überbringer der ersten Anzeige hat Anspruch auf eine angemessene Vergütung."

Hierdurch wird also jeder, wer es auch sei und welcher Beschäftigung er auch gerade obliegen möge, verpflichtet, bei Vermeidung der im § 44 des Gesetzes bestimmten Strafe die Last der Anzeige auf sich zu nehmen.

Die Motive zur Strandungsordnung begründen die Constatierung dieser allgemeinen Anzeigepflicht damit, dass auf dem in Seenot befindlichen Schiffe möglicherweise Menschenleben gefährdet seien und der Strandvogt unter allen Umständen in den Stand gesetzt werden müsse, so schnell als irgend möglich Hülfe zu bringen.

Also lediglich Humanitätsrücksichten sind massgebend gewesen für den Inhalt des genannten Paragraphen, der mit Rücksicht auf die „möglicherweise gefährdeten Menschenleben" und nicht etwa wegen der gefährdeten Vermögenswerte erlassen ist. Im Gegenteil, sowohl durch den genannten Paragraphen und mehr noch durch die Paragraphen 9 und 11 ist ausgesprochen, dass die Vermögenswerte unbedingt zurückstehen sollen, so lange noch Menschen in Gefahr sind.

„Der Strandvogt hat vor allem für die Rettung der Personen zu sorgen."

So lautet die Vorschrift des § 11, und damit ist es deutlich ausgesprochen, dass bei der Bergung in erster Linie nur Menschlichkeitsrücksichten, nicht wirthschaftliche Rücksichten obzuwalten haben.

Jeder soll das Seinige dazu thun, dass den Forderungen, welche die Humanität im Interesse der in Lebensgefahr befindlichen Menschen erhebt, Genüge geschehen kann, und da, wo Menschenleben auf dem Spiele stehen, soll der Strandvogt berechtigt sein, die persönliche Hülfe der Strandbewohner in Anspruch zu nehmen.

Aber das Gesetz verlangt nicht, dass der Einzelne seine Leistungen unentgeltlich mache, vielmehr wird im § 10 bestimmt, dass jeder eine Vergütung für seine Leistungen verlangen kann, die zu den im Art. 742 [a] des Allgemeinen deutschen Handelsgesetzbuches bestimmten Bergungs- und Hülfskosten gehört.

Es ist nicht nur zweckmässig, eine Vergütung zuzubilligen, da anderenfalls vielleicht mancher, der durch seine Hülfsleistung einen ausserordentlichen Zeit- oder Geldverlust erleiden würde, lieber die verhältnismässig geringe Strafe erdulden als das grössere Opfer bringen würde, sondern es ist auch gerecht, da andernfalls die Strandbewohner, die häufig in die Lage kommen, Unterstützung leisten zu müssen, gegen die im Binnenlande wohnenden Staatsangehörigen benachteiligt wären.

Die Motive zur Strandungsordnung rechtfertigen die Festsetzung der Vergütung aus dem soeben angeführten Grunde, aber sie entspricht vor allen Dingen auch den bei der negotiorum gestio anerkannten allgemeinen Rechtsgrundsätzen, dass derjenige, in dessen berechtigtem Interesse nützliche Aufwendungen gemacht sind, für den Ersatz derselben aufzukommen hat, damit denjenigen, der seinem Mitmenschen zu Gefallen Hülfe gebracht hat, keinerlei Schaden trifft.

Wie hier in der Strandungsordnung Humanitätsrücksichten ausschlaggebend gewesen sind, so sind sie es auch in der Verordnung über das Verhalten der Schiffer nach einem Zusammenstoss von Schiffen auf See, vom 15. Aug. 1876.

Nach einem Zusammenstoss von Schiffen auf See hat der Führer eines jeden derselben dem andern Schiffe und den dazu gehörigen Personen zur Abwendung oder Verringerung der nachteiligen Folgen des Zusammenstosses den erforderlichen Beistand zu leisten, so weit er dazu ohne erhebliche Gefahr für das eigene Schiff und die darauf befindlichen Personen imstande ist. Unter dieser Voraussetzung sind die Führer der beteiligten Schiffe verpflichtet, so lange bei einander zu halten, bis sie sich darüber Gewissheit verschafft haben, dass keines derselben weiteren Beistandes bedarf.

Die dem Schiffer durch die Verordnung auferlegte Verpflichtung ist nicht etwa davon abhängig gemacht, dass ihn bei dem Zusammenstoss eine Schuld trifft, deren Folgen er nach Möglichkeit abzuwenden hat, oder dass das notleidende Schiff ein deutsches Schiff ist und dass der Staat ein Interesse daran hat, dasselbe nebst seiner Besatzung erhalten zu sehen.

Nein, selbst der unschuldige Teil soll sich der Last unterziehen, er soll jedem Schiffe, mit dem er in Collision geraten ist, die erforderliche Hülfe leisten, mag es der eigenen oder einer feindlichen, ja selbst barbarischen Nation angehören.

Es genügt, dass das Schiff und die darauf befindlichen Personen in Gefahr sind, um die Forderung der Menschlichkeit, sich der in Lebensgefahr befindlichen Mitmenschen anzunehmen, zur Anerkennung zu bringen.

Jeder Schiffer soll dem andern Schiffe unter allen Umständen die nötige Hülfe leisten, ausser wenn damit eine erhebliche Gefahr für das eigene Schiff und die darauf befindlichen Personen verbunden sein würde, eine Einschränkung, die sich sowohl vom Standpunkt des Rechts wie der Moral aus gleichmässig rechtfertigt. Es kann nicht verlangt werden, dass, um jene Menschen zu retten, diese aufgeopfert oder in eine erhebliche Gefahr gebracht werden sollen, in der sie vermutlich untergehen würden, ohne ihren gefährdeten Mitmenschen irgendwie nützen zu können.

Alle anderen Interessen sollen aber vor der Forderung der Menschlichkeit, die also auch in dieser Verordnung rechtliche Billigung erfährt, in den Hintergrund treten.

Aber auch hier wird nicht eine Unterstützung des Nächsten verlangt, ohne dass eine Entschädigung für die gemachten Aufwendungen zuerkannt wird, sondern, wie aus dem Sinn des Gesetzes zu ersehen und durch Entscheidung des Reichsgerichts in Civilsachen I. Civilsenat, Urteil vom 6. Novbr. 1880 [1]) ausdrücklich bestätigt ist, schliesst die durch die Verordnung auferlegte Verpflichtung den Anspruch auf eine Vergütung für den geleisteten Beistand nach Art. 742 des H.G.B. nicht aus.

Das Gesetz verlangt also die Unterstützung unter allen Umständen, aber es sichert andererseits auch eine angemessene Entschädigung für die gemachten Aufwendungen zu·

---

[1]) Band III der Entscheidungen des Reichsgerichts in Civilsachen, Nr. 40, Seite 138.

Einen ähnlichen Standpunkt vertritt das Gesetz vom 27. Decbr. 1872, betreffend die Verpflichtung deutscher Kauffahrteischiffe zur Mitnahme hülfsbedürftiger Seeleute.

Dasselbe verpflichtet unter bestimmten Voraussetzungen jedes deutsche Kauffahrteischiff, welches von einem ausserdeutschen Hafen nach einem deutschen Hafen oder nach einem Hafen des Kanals, Grossbritanniens, des Sundes oder des Kattegats oder nach einem ausserdeutschen Hafen der Nordsee oder der Ostsee bestimmt ist, deutsche Seeleute, welche im Auslande sich in hülfsbedürftigem Zustande befinden, behufs ihrer Zurückbeförderung nach Deutschland auf schriftliche Anweisung des Seemannsamtes gegen eine Entschädigung nach seinem Bestimmungshafen mitzunehmen.

In entsprechender Weise sorgt das Gesetz auch für solche ausländische Seeleute, welche unmittelbar nach einem Dienste auf einem deutschen Kauffahrteischiffe ausserhalb Deutschlands sich in einem hülfsbedürftigen Zustande befinden, indem es den nach ihrem Heimatslande bestimmten deutschen Kauffahrteischiffen eine gleiche Verpflichtung auferlegt.

Auch hier erfüllt das Recht die Forderung der Humanität, indem es für die hülfsbedürftigen Personen sorgt, aber es bleibt auch dem schon oben angedeuteten Grundsatze treu, indem es bestimmt, dass derjenige, in dessen Interesse die Unterstützung geleistet ist, für die Kosten derselben aufzukommen hat.

Die besprochenen Gesetze zeigen uns, dass das Recht sich zu der Forderung der Menschlichkeit, in Not befindliche Personen zu unterstützen, durchaus nicht gleichgültig verhält, und besonders da nicht, wo es sich um die Rettung von gefährdeten Menschenleben handelt. Vielmehr nimmt die Gesetzgebung in weitgehender Weise Rücksicht auf diese Forderung, und auch die Rechtsprechung der obersten Gerichte hat dieselbe zur Anerkennung gebracht.

III. Es liegen zwei Erkenntnisse des Reichsoberhandelsgerichts aus dem Gebiete des Reichshaftpflichtgesetzes vor, in denen die Frage, ob auf den Umstand, dass die Verunglückung eines Arbeiters durch den freiwillig unternommenen Versuch der Rettung eines Mitarbeiters herbeigeführt wurde, der Einwand des eigenen Verschuldens des Verunglückten gegründet werden könne, folgendermassen entschieden wird.

Im Urteil des II. Senats des R.O.H.G. vom 25. Juni 1877 [1]) heisst es, „dass die ungeheissene Vornahme eines Rettungsversuches an sich nicht als Verschulden des Rettenden angesehen werden könne." In den Entscheidungsgründen wird ausgeführt, „dass es zwar dahin gestellt bleiben könne, ob die Thätigkeit, welche ein Arbeiter zur Rettung des Lebens seines bei der Arbeit verunglückten Mitarbeiters vornähme, zu den dienstlichen Handlungen im eigentlichen Sinne zu rechnen sei, indessen mache, ganz abgesehn von der allgemeinen Menschenpflicht, die genossenschaftliche und kameradschaftliche Stellung der bei einem und demselben Unternehmen beschäftigten Arbeiter denselben die Vornahme von Rettungshandlungen der fraglichen Art zu einer besonderen Pflicht."

„Die Notwendigkeit der gegenseitigen Hülfsleistung träte um so prägnanter hervor, je mehr die Arbeiter in Folge der besonderen Art ihrer Arbeit in dieser Beziehung auf einander angewiesen seien."

---

[1]) Band 22, Seite 313 der Entscheidungen des Reichs-Oberhandelsgerichts. Seuffert's Archiv für Entscheidungen der obersten Gerichte. Neue Folge, Band 4, Nr. 43, Seite 73.

„Dass diese Rettungspflicht an sich nur eine sittliche sei, schliesse deren Berücksichtigung durch den Richter nicht aus."

In einem anderen Erkenntnis desselben Gerichts vom 4. Sept. 1878[1]), das dieselbe Frage behandelt und in derselben Weise entscheidet, heisst es in den Entscheidungsgründen:

„In dem bereits citierten (dem vorstehenden) Erkenntnis wurde ein besonderes Gewicht auf die Besonderheit des Bergbaues und die dadurch in höherem Grade hervorgerufene Unterstützungspflicht der Bergleute unter einander gelegt. Allein eine sittliche Verpflichtung zur Rettung eines Menschenlebens ist allgemein anzuerkennen, auch wo kein genossenschaftliches Band zwischen Retter und Gefährdetem besteht. Die Folge der Anerkennung dieser sittlichen Verpflichtung ist die, dass eine Handlung, welche unter gewöhnlichen Umständen als eine schuldhafte Gefährdung des eigenen Lebens erscheint, dann möglicherweise als eine nicht schuldige erscheinen kann, wenn das Motiv zu derselben die Absicht, ein anderes Menschenleben zu retten[2]), war, und zwar kommt dieser Umstand nicht nur unmittelbar zur Berücksichtigung, sondern auch mittelbar."

Die bisherigen Betrachtungen haben uns gezeigt, dass das Recht einesteils die Unterstützung in Not befindlicher Personen ausdrücklich befiehlt und andererseits da, wo es ein bestimmtes Gebot nicht aufstellt, die freiwillig unter-

---

[1]) Seuffert's Archiv für Entscheidungen der obersten Gerichte. Neue Folge, Band 4, Nr. 127, Seite 183.

[2]) Es mag beiläufig erwähnt werden, dass selbst die Versicherungsbedingungen der Unfallversicherungs-Gesellschaften diesen Standpunkt einnehmen.

nommenen Rettungshandlungen als pflichtgemässe und der Rechtsordnung nicht widersprechende anerkennt und gutheisst. Das Recht gewährt dem Retter seinen Schutz und sorgt dafür, dass ihm aus seiner edlen Handlungsweise kein Nachteil entsteht. Im Vorstehenden ist die Frage, ob der Lebensretter unter allen Umständen, also auch dann, wenn er sich eines Eingriffes in fremde Rechtssphären schuldig gemacht hat, innerhalb des Rahmens der Rechtsordnung handelt, nicht berührt, weswegen ich dieselbe im nächsten Abschnitte eingehend erörtern werde.

II. Abschnitt.

Ist man berechtigt, in fremde Rechtssphären einzugreifen, wenn es sich darum handelt, in Lebensgefahr befindliche Menschen zu retten?

I. Es ist gewiss die erste Aufgabe der Rechtsordnung, auf eine genaue Befolgung der von ihr aufgestellten Rechtsnormen zu achten und jedes Zuwiderhandeln gegen dieselben mit den zur Verfügung stehenden Mitteln zu verhüten und zu ahnden. Obenan unter diesen Vorschriften stehen die beiden Sätze, dass Verträge zu halten sind und fremdes Eigentum unantastbar ist, aber es giebt Fälle, in denen von der allgemeinen Regel eine Ausnahme zu machen ist und eine Verletzung dieser Vorschriften nicht als Unrecht anzusehen ist.

Ich erinnere hier einmal an den Einfluss, den die Rücksicht auf das Allgemeinwohl fordert, an die Beschränkungen, die dem Eigentum durch die Bestimmungen des Nachbarrechts und das Expropriationsrecht des Staates auferlegt werden, und andererseits an die Wirkungen des Notstandes.

Da, wo eine gegenwärtige Gefahr für Leib oder Leben seiner selbst oder eines Angehörigen besteht, kann der

Mensch nicht zur Verantwortung gezogen werden, wenn er zur Abwendung der Gefahr eine Handlung begeht, die an und für sich einen Eingriff in fremde Rechte bedeutet und demnach strafbar sein würde.

Darüber, ob es zweckmässig ist, den Notstand auf den Fall zu beschränken, dass das eigene Leben oder das eines Angehörigen sich in Gefahr befindet, ist seit langer Zeit ein lebhafter Streit geführt, und bedeutende Autoritäten haben sich gegen diese Beschränkung ausgesprochen.

Indessen erkennt unser geltendes Recht den Notstand nur in dieser Beschränkung an (R.St.G.B. § 54), und eine Handlung, die zwecks Lebensrettung fremder Menschen vorgenommen ist, lässt sich nicht als Notstandshandlung characterisieren.

Es bleibt jedoch zu prüfen, ob das Recht einen an und für sich widerrechtlichen Eingriff in fremde Rechtssphären nur im Falle des Notstandes im eigentlichen Sinne entschuldigt, oder auch dann, wenn fremde Menschenleben gefährdet sind und Menschlichkeitsrücksichten fordern, dass zur Rettung der gefährdeten Personen alle zur Verfügung stehenden Mittel angewandt werden.

II. Zunächst soll festgestellt werden, ob sich in der positiven Gesetzgebung des deutschen Reiches Bestimmungen finden, in denen zwecks Lebensrettung fremder Menschen ein Eingriff in fremde Rechtssphären gutgeheissen oder die Inanspruchnahme fremder Güter sogar gefordert wird.

Meiner Ansicht nach findet diese Forderung der Humanität nicht nur in den schon im vorigen Abschnitte besprochenen Seegesetzen, sondern auch, wie wir später sehen werden, in den Bestimmungen des Allgemeinen deutschen Handelsgesetzbuches Berücksichtigung.

Der § 9² der Strandungsordnung giebt dem Strandvogt die Befugnis, zur Rettung von Menschenleben die erforderlichen Fahrzeuge und Gerätschaften, sowie jeden ausserhalb der öffentlichen Wege zum Strande führenden Zugang auch ohne Einwilligung der Verfügungsberechtigten in Anspruch zu nehmen, und bedroht diejenigen, die sich den Anordnungen des Strandvogts widersetzen, mit einer gesetzlichen Strafe. Auch die Fahrzeuge und Gerätschaften der Vereine zur Rettung Schiffbrüchiger dürfen, wenn die Vereinsmannschaft nicht selbst einschreitet, benutzt werden.

Die Strandungsordnung lässt deutlich erkennen, dass da, wo Menschenleben auf dem Spiele stehen, alle Vermögens- oder sonstigen Interessen zurücktreten sollen, und sie heisst in diesem Falle ausdrücklich einen Eingriff in fremde Rechtssphären, die Inanspruchnahme fremden Eigentums, gut.

„Wenn es sich", so sagen die Motive zur Strandungsordnung, „lediglich darum handelt, Sachen durch Bergung oder Hülfsleistung in Sicherheit zu bringen, so kann niemand zur Hergabe von Hülfsmitteln gezwungen werden, denn das Eigentum des Einen darf nicht angetastet werden, damit das Eigentum des Andern vor Schaden bewahrt werde."

„Handelt es sich aber um die Rettung von Menschenleben, so ist der Eingriff in das Eigentum des Weigernden zweifellos gerechtfertigt, wenn für den Schaden, welchen er dadurch erleidet, Entschädigung gewährt wird."

Aber das Recht bleibt auch hier bei seinem Grundsatze, dass derjenige, der im Interesse eines hülfsbedürftigen Dritten nützliche Leistungen gemacht hat, entschädigt werden soll, stehen und gewährt dem Geschädigten eine angemessene Vergütung, die unter die im Art. 745² des H.G.B. bestimmten Bergungs- und Hülfskosten fällt.

Wir haben gesehen, wie weitgehende Concessionen das Recht an die Forderung der Humanität macht, indem es zu Gunsten derselben sogar die Inanspruchnahme fremden Eigentums gestattet, aber es wird sich zeigen, dass es für denselben Zweck auch eine Vernachlässigung contractlicher Verbindlichkeiten gutheisst und die Erfüllung der sittlichen Pflicht unter allen Umständen zu fördern und sicherzustellen sucht.

Der § 4 der Strandungsordnung sagt allgemein: „„Wer" ein auf den Strand geratenes Schiff u. s. w. wahrnimmt, hat hiervon Anzeige zu machen."

Das Gesetz verpflichtet also jeden und es fragt nicht darnach, ob die betreffende Person, die das Schiff sieht, Herrin ihrer Zeit ist oder nicht. Selbst derjenige, der im Dienst eines Andern steht, muss unter Ausserachtlassung seiner contractlichen Verbindlichkeiten zuerst der ihm durch das Gesetz im Interesse der Menschlichkeit auferlegten Pflicht genügen.

Das Gesetz verlangt, dass da, wo Menschenleben zu retten sind, alle anderen Interessen zurücktreten sollen, ja es gestattet sogar einen Contractbruch, um ein grösseres sittliches Unrecht, die Herbeiführung bezw. Duldung des Unterganges von Menschen, zu verhüten.

Derselbe Gedanke findet sich in der **Verordnung über das Verhalten der Schiffer nach einem Zusammenstoss von Schiffen auf See.**

Im allgemeinen ist jeder Schiffer verpflichtet, die angefangene Reise ohne Unterbrechung zu beendigen, und von der möglichst schnellen Ausführung derselben kann sehr viel abhängen. Man denke nur an wichtige Nachrichten oder Documente, die der Schiffer zu überbringen hat, an das Interesse, das die Ladungsbeteiligten an der schnellen Ablieferung ihrer Güter haben u. s. w.

Aber trotzdem verpflichtet die Verordnung im Interesse der Menschlichkeit jeden Schiffer, in Collisionsfällen den „erforderlichen" Beistand zu leisten, um das andere Schiff, und wenn dies nicht mehr möglich ist, die darauf befindlichen Personen zu retten.

Er soll seine contractlichen Verbindlichkeiten und alle sonstigen noch so schwer wiegenden Rücksichten vergessen und in erster Linie auf die Rettung der gefährdeten Menschen bedacht sein.

Und wird er nicht auch verpflichtet, wenn die Lebensrettung der gefährdeten Menschen dies erheischt, einen Teil seiner Ladung oder selbst die ganze Ladung zu opfern? Meiner Ansicht nach lässt der Wortlaut des Gesetzes, das den „erforderlichen" Beistand befiehlt und nur eine bestimmte Grenze zieht, gar keinen Zweifel darüber zu, dass nötigenfalls die Ladung geopfert werden muss und dass der Schiffer, der zu diesem Mittel nicht greifen will, den gesetzlichen Strafen verfällt.

Der Schiffer, der nach einem Collisionsfalle seine Ladung opfern würde, um die gefährdeten Menschenleben zu retten, würde also nur durchaus pflichtgemäss handeln, und die Frage, ob er für die geopferten Güter einstehen müsste, würde zweifellos zu verneinen sein, während andererseits die geschädigten Ladungsbeteiligten nach Massgabe der Artikel 742 und 745 des H.G.B. eine Entschädigung verlangen könnten.

Es finden sich aber in den citierten Seegesetzen und im Buch V des H.G.B. noch weitere Bestimmungen, aus denen hervorgeht, dass einesteils tote Güter zurücktreten und selbst in Anspruch genommen werden sollen und andererseits die Vernachlässigung contractlicher Verbindlichkeiten keinen Regressanspruch begründet, wenn es sich um die Erhaltung von gefährdeten Menschenleben handelt.

Ich will hier noch einmal daran erinnern, wie die Strandungsordnung verlangt, dass zuerst unter allen Umständen Menschen gerettet werden sollen und dann erst an die Bergung von Gütern gedacht werden darf.

Letztere sollen zurückstehen und der Gefahr des Unterganges ausgesetzt bleiben, so lange noch eine menschliche Person auf dem Schiffe ist, mag sie auch so schwerkrank sein, dass sie den Transport zum Lande nicht mehr überleben kann und es jedenfalls vom practischen Standpunkt aus richtiger wäre, die Güter, die vielleicht einen ausserordentlichen Wert repräsentieren, vor allen Dingen in Sicherheit zu bringen.

Ja, diese Rücksicht würde der Strandbeamte selbst dann zu nehmen haben, wenn die gefährdeten Personen gemeingefährliche, vielleicht zum Tode verurteilte Verbrecher wären, durch deren Untergang dem Staate nur Vorteil entstehen würde.

Unter keinen Umständen soll die Absicht, materielle Güter zu retten und dadurch einen Gewinn zu erzielen, die Veranlassung dazu sein, dass Menschenleben gefährdet werden oder bleiben, im Gegenteil, das Recht verlangt, dass die Güter unbedingt in den Hintergrund treten, wodurch sie indirect ein Mittel zum Zwecke der Lebensrettung werden.

Und dass die Güter diesem Zwecke dienen sollen, scheint mir auch aus den Bestimmungen des IX. Titels des V. Buches des H.G.B. hervorzugehen, von dessen Vorschriften ich an dieser Stelle nur die folgende erwähnen will, während ich mir die eingehendere Besprechung derselben für einen späteren Teil der Arbeit vorbehalte.

Die Artikel 742, 745 und 750² des H.G.B. bestimmen, dass von den in einer Seenot geretteten und geborgenen

Gütern ein Berge- und Hülfslohn gewährt werden soll und dass zur gleichmässigen Teilnahme an diesem Lohn auch diejenigen Personen berechtigt sein sollen, welche in derselben Gefahr, aus der die Güter gerettet sind, der Rettung von Menschen sich unterzogen haben.

Dieser Rettungslohn für die Rettung der Menschen wird nun lediglich von den geborgenen Gütern getragen, es entsteht keine persönliche Haftung der geretteten Personen, mögen diese die Eigentümer jener geborgenen Güter sein oder nicht.

Es ist zwar die Haftung der geborgenen Güter für den beanspruchten Berge- und Rettungslohn aus Billigkeitsgründen auf den dritten Teil bezw. die Hälfte ihres Wertes beschränkt, allein principiell liegt in der Bestimmung des Handelsgesetzbuches der Grundsatz ausgesprochen, das selbst fremde Güter als Werkzeug zur Erhaltung gefährdeter Menschenleben dienen sollen, dass sie unter allen Umständen in Notfällen dazu beitragen sollen, die Lebensrettung gefährdeter Personen sicher zu stellen.

In allen diesen angeführten Gesetzesstellen ist Rücksicht genommen auf die Ansprüche, welche die Humanität erhebt, und ihr ein grosser Einfluss auf die Fassung der Gesetze zugestanden.

Es findet sich aber im Art. 818[3] des H.G.B. noch eine Bestimmung, die Beweis dafür liefert, dass die Rechtsordnung in vollem Masse den gerechten Anforderungen der Menschlichkeit Rechnung zu tragen wünscht und die Lebensrettung gefährdeter Personen mit allen ihr zur Verfügung stehenden Mitteln zu unterstützen sucht.

Die Artikel 817 und 818, Titel XI, Buch V, des H.G.B., in welchem Abschnitte von der Versicherung gegen die Gefahren der Seeschifffahrt gehandelt wird, stellen fest, dass der Versicherungsvertrag, wie dies überhaupt allgemeinen Rechtsgrundsätzen entspricht, dann nicht für den Versicherer verbindlich sein soll, wenn der Versicherte absichtlich eine contractswidrige Vergrösserung oder Veränderung der übernommenen Gefahr herbeiführt, indem er z. B. von dem vereinbarten Wege abweicht. Nur dann soll u. a. diese Wirkung nicht eintreten und der Versicherer trotzdem haftbar sein, „wenn", wie es im Art. 818³ heisst, „der Schiffer zu der Abweichung von dem Wege durch das Gebot der Menschlichkeit genötigt ist".

Bei der Beratung dieses Artikels hat, wie die Protokolle der Commission zur Beratung eines allgemeinen deutschen Handelsgesetzbuches ergeben, keine Meinungsverschiedenheit darüber gewaltet, dass im allgemeinen die Schiffe auf hoher See aus Rücksichten der Menschlichkeit verpflichtet seien, der in Lebensgefahr befindlichen Mannschaft anderer notleidender Schiffe zu Hülfe zu eilen.

Dagegen war man darüber im Zweifel, ob eine derartige Bestimmung überhaupt in's Gesetzbuch aufzunehmen sei, da es in Deutschland kein Assecuradeur wagen werde, eine Versicherung deshalb zu beanstanden, weil der Schiffer, in der Absicht, notleidende Menschen zu retten, vom Course abgewichen sei, also seine contractlichen Verbindlichkeiten dem Versicherer gegenüber verletzt habe, ein solcher Einwand jedoch, selbst wenn er vorgebracht werden könnte, vor keinem deutschen Richter Gehör finden könnte.

Da jedoch in der Commissionssitzung geltend gemacht wurde, dass schon viele Prozesse über diese Frage geführt worden seien und sich manche bedeutende Autoritäten dahin ausgesprochen hätten, es möge mit dem Herzen in Widerspruch stehen, stehe aber mit dem Recht jedenfalls in vollem Einklang, dass eine Ablenkung vom Course auch dann den Versicherer befreie, wenn diese Abweichung vom Course zum Zwecke der Rettung von Menschenleben vorgenommen werde, wurde die Annahme der Bestimmung beschlossen.

Es geht hieraus hervor, dass die Commission durch den beregten Artikel nicht etwa ein Ausnahme-Gesetz, einen singulären Rechtssatz hat schaffen wollen, sondern sie hat, um Meinungsverschiedenheiten und Streitigkeiten vorzubeugen, nur die allgemeinen Rechtsgrundsätze über die Pflicht zur Unterstützung der in Lebensgefahr befindlichen Personen zum Ausdruck bringen wollen.

Es ist hier im Princip anerkannt, dass die Rechtsordnung sich über die, wenn auch nur sittliche Unterstützungspflicht nicht hinwegsetzen kann und dass es ihre Aufgabe ist, denjenigen, welcher derselben genügt, in Schutz zu nehmen und vor nachteiligen Folgen zu bewahren.

III. Soll das Gesetz aber nur den einen Fall der Deviation berücksichtigen und nur diesen Eingriff in fremde Rechtssphären, nur diese Ausserachtlassung contractlicher Verbindlichkeiten rechtfertigen, oder wird es auch seine Billigung erteilen müssen, wenn der Schiffer fremde Güter opfert, um die gefährdeten Menschenleben retten zu können?

Es wäre allerdings gewagt und mit den Grundsätzen über die analoge Anwendung von Gesetzen nicht zu vereinigen, wenn man sagen wollte, allein auf Grund des Artikels 818^a, der eine Deviation aus Menschlichkeitsrücksichten gestattet, sei ein Schiffer auch befugt, seine Ladung zu opfern. Das sind zwei weit verschiedene Thatbestände, auf welche sich derselbe Rechtssatz nicht ohne weiteres analog anwenden lässt.

Wenn man aber den Artikel 818³, wie er meiner Ansicht nach aufzufassen ist, nur als eine Äusserung des allgemeinen Princips des Rechts, die Lebensrettung in Gefahr befindlicher Menschen auf jede mögliche Weise zu unterstützen, ansieht, so muss man unter Berücksichtigung der bereits früher erörterten Grundsätze über die von der Rechtsordnung geforderte Unterstützungspflicht, selbst mit Inanspruchnahme fremder Güter und unter Vernachlässigung contractlicher Verbindlichkeiten, zu der Überzeugung kommen, dass derjenige, der fremde Güter opfert, um Menschenleben dadurch zu retten, vor der Rechtsordnung kein Unrecht begeht.

Die beiden oben bereits angeführten Entscheidungen des Reichsoberhandelsgerichts sprechen es rückhaltlos aus, dass eine, wenn auch an sich nur sittliche Verpflichtung zur Rettung eines Menschenlebens allgemein anzuerkennen und vom Richter zu berücksichtigen sei, und das erste dieser Urteile weist in seinen Entscheidungsgründen ausdrücklich darauf hin, dass im Gebiete des Seerechts gerade durch den Artikel 818³ des H.G.B. diese Rettungspflicht anerkannt sei.

Das Urteil stützt sich auf die schon angegebene in den Conferenzprotokollen auf Seite 3189 enthaltene Ansicht der Commission, „dass kein Assecuradeur in Deutschland es wagen werde, eine Versicherung deswegen zu beanstanden, weil der Schiffer, in der Absicht, notleidende Menschen zu retten, vom Cours abgewichen sei, ein solcher Einwand aber jedenfalls vor keinem deutschen Richter Gehör finden werde".

Das angeführte Urteil sieht ferner eine Anerkennung des Princips der Rettungspflicht im § 360 des Reichsstrafgesetzbuches, denn nur bei Anerkennung desselben erscheine die Befugnis der Polizeibehörde, Hülfsleistung zu fordern und die Androhung der Strafe für denjenigen, der dieser Aufforderung grundlos nicht nachkomme, gerechtfertigt.

Vorstehende Entscheidungen unseres obersten Gerichtshofes, die beide die rechtliche Anerkennung der an sich zwar nur sittlichen Rettungspflicht aussprechen, sind nur geeignet, mich in meiner Ansicht zu bestärken, dass derjenige, der, um gefährdete Menschen zu retten, fremdes Eigentum opfert, kein Unrecht begeht und nicht zur Verantwortung gezogen werden kann. Gerade wie die Handlung desjenigen, der eine widercontractliche Deviation vornimmt, entschuldigt wird, nicht etwa, weil sein Eingriff in fremde Rechtssphären sich als Deviation darstellt, sondern weil das Motiv seiner Handlungsweise gebilligt wird, so muss dasselbe Motiv auch da gewürdigt werden, wo zur Erreichung desselben Zieles nicht eine Deviation genügt, sondern die Preisgabe fremder Güter erforderlich ist.

Ich glaube, dass die besprochenen gesetzlichen Bestimmungen und richterlichen Entscheidungen genügend bewiesen haben, dass die Rechtsordnung die Forderung der Menschlichkeit, in Lebensgefahr befindliche Menschen zu retten, rückhaltlos anerkennt und jede Handlung, die aus diesem Motive entspringt, vorausgesetzt natürlich dass durch dieselbe nicht andere Menschen gefährdet werden, billigen will.

Eine andere Frage ist die, ob der Eigentümer, der sich gefallen lassen muss, dass seine Güter geopfert werden, keinen Schadensersatz für dieselben verlangen kann.

Nach römisch-rechtlichen Grundsätzen würde es in den Fällen, in denen zwischen dem Lebensretter und dem Geschädigten kein contractliches Verhältnis besteht, meiner Ansicht nach überhaupt an einer Klage zur Geltendmachung des Anspruches auf Entschädigung fehlen.

Denn die einzige Klage, die hier in Betracht kommen könnte, die acto legis Aquiliae setzt als Poenalklage eine schuldhafte und widerrechtliche Handlung voraus, wovon weder das Eine noch auch das Andere zutrifft.

Aber selbst aus einem contractlichen Verhältnisse würde meiner Ansicht nach ein Anspruch auf Schadensersatz nicht herzuleiten sein, denn eine Handlung, die vom Recht gebilligt ist und weder schuldhaft noch widerrechtlich ist, kann auch im Contractsverhältnis keinen Grund zur Haftung abgeben.

Der geschädigte Eigentümer hat also meiner Ansicht nach gegen denjenigen, der zum Zwecke der Lebensrettung gefährdeter Personen gezwungen ist, fremdes Eigentum zu opfern, keinen Anspruch, sondern er kann sich lediglich an die geretteten Personen halten.

Welche rechtlichen Ansprüche und welche Aussichten auf Befriedigung er hier hat, wird im letzten Abschnitte erörtert werden.

Selbstverständlich ist der Lebensretter nur dann von jeder Haftung frei, wenn ihm kein anderes Mittel als die Aufopferung fremden Gutes zur Verfügung stand und aus seiner Handlung als solcher nicht etwa ein Schuldmoment herzuleiten ist, auf das ein Anspruch auf Schadloshaltung gestützt werden könnte.

Aber entspricht die abgegebene Entscheidung wirklich der Idee des Rechts, soll dasselbe hier, wie es beim Notstande der Fall ist, den Thäter, der einen Eingriff in fremde Rechte vorgenommen hat, straflos lassen und ihn nicht einmal für den Schadensersatz haftbar erklären?

Das Recht steht hier allerdings vor der Frage, entweder der Consequenz zu Gefallen die Lebensrettung zu erschweren, wenn nicht gar zu verhindern, oder dem Interesse der gefährdeten Menschenleben die Rechtsconsequenz zu opfern. Die Entscheidung darf meiner Ansicht nach nur im letzteren Sinne ausfallen, das Recht darf nicht die Spitze seines Schwertes gegen denjenigen richten, der bereit und imstande ist, in Lebensgefahr befindliche Menschen, wenn auch unter Benutzung fremden Gutes, zu retten. Der Inhalt des Rechtes soll ein sittlicher sein, aber er würde geradezu unsittlich, wenn um der Consequenz willen, nur um sagen zu können, das Eigentum wird unter allen Umständen gegen fremde Eingriffe geschützt und ein Contractbruch wird stets geahndet, die Lebensretter von ihrem Werke abgehalten und die gefährdeten Menschen ihrem Untergange preisgegeben werden sollten.

Denn nur die wenigsten Menschen würden ihrer Pflicht gegen ihre gefährdeten Mitmenschen genügen, wenn ihnen die Aussicht drohte, für den Schaden, den sie dabei etwa anrichten, verantwortlich gemacht zu werden und vielleicht ihr ganzes Vermögen hergeben zu müssen.

III. Abschnitt.

Die bestehenden Grundsätze über Rettungs- und Bergelohn.

I. Ich habe bereits im Eingange erwähnt, dass es ein allgemeiner Grundsatz des Rechts ist, denjenigen, in dessen berechtigtem Interesse von einem Dritten nützliche Aufwendungen gemacht sind, für den Ersatz derselben haften zu lassen.

Diesen Standpunkt vertritt auch die Seegesetzgebung des deutschen Reiches, indem sie laut Handelsgesetzbuch, Titel IX demjenigen, der in Seenot ein Schiff oder Güter geborgen oder sonstige Hülfe geleistet hat, einen Anspruch auf Vergütung für die geleistete Hülfe und Entschädigung für gemachte Aufwendungen zubilligt.

Wie wir bereits sahen, enthalten auch die Strandungsordnung, das Gesetz, betreffend die Verpflichtung deutscher Kauffahrteischiffe zur Mitnahme hülfsbedürftiger Seeleute und die Verordnung über das Verhalten der Schiffer nach einem Zusammenstoss von Schiffen auf See dementsprechende Bestimmungen über Gewährung einer Vergütung für Aufwendungen bezw. eines Lohnes für die geleistete Hülfe.

Für die Höhe des Berge- bezw. Hülfslohnes sind in erster Linie die getroffenen Verabredungen, die jedoch wegen laesio enormis angefochten werden können, massgebend.

Bei mangelnder Vereinbarung soll die Höhe des Berge- oder Hülfslohnes vom Richter bezw. eigenen dazu berufenen Beamten unter Berücksichtigung aller Umstände des Falles nach billigem Ermessen in Geld festgesetzt werden.

Die Artikel 745 und 746 des Handelsgesetzbuches enthalten nähere Einzelheiten über die Art und Weise, in der die Berechnung vorgenommen werden soll, und lassen erkennen, dass die Gesetzgebung bemüht gewesen ist, die Interessen beider Parteien, sowohl derjenigen, die Hülfe geleistet, wie derjenigen, die Hülfe empfangen hat, zu berücksichtigen.

Die Haftung letzterer ist jedoch keine persönliche und unbeschränkte, sondern beschränkt auf die geretteten Güter, und zwar hier wieder auf den dritten Teil bezw. die Hälfte ihres Wertes nach Abzug aller durch etwaige Verzollung oder sonstige Abgaben und Gebühren für Aufbewahrung, Erhaltung, Abschätzung und Veräusserung entstehenden Kosten.

Gegen diese Art der Behandlung lässt sich nichts einwenden, denn wenn die bergenden Personen wegen der beschränkten Haftung einmal nicht auf ihre Kosten kommen sollten, so ist zu erwägen, dass hierin kein Unrecht liegt, denn sie haben die Bergung lediglich des Gewinnes halber unternommen, und jede derartige Speculation ist mit einem gewissen Risiko verknüpft.

II. Wenn wir die Frage aufwerfen, ob auch für die Lebensrettung ein Lohn und eine Vergütung wegen geleisteter Aufwendungen gewährt wird, so müssen wir dieselbe verneinen.

Denn das Gesetz billigt demjenigen, der einen Menschen gerettet hat, schlechthin keine Belohnung zu und nur dann gewährt es dieselbe, wenn in derselben Gefahr Menschen gerettet und Güter geborgen sind, eine durchaus notwendige und gerechtfertigte Bestimmung, da entgegengesetzten Falles die rettenden Personen um des ihrer harrenden Gewinnes wegen in Versuchung geführt würden, zunächst die Güter in Sicherheit zu bringen und darüber die notleidenden Personen untergehen zu lassen. Es würden also in dem Falle die Ansprüche, welche die Menschlichkeit zu Gunsten der gefährdeten Personen erhebt, und deren Berechtigung von der Rechtsordnung in mannigfacher Weise anerkannt ist, nicht nur nicht gefördert, sondern es würde ihnen geradezu entgegengearbeitet.

Nach den bestehenden Grundsätzen aber werden in sehr vielen Fällen, nämlich da, wo gar keine oder nur geringe Güter geborgen sind, die Lebensretter trotzdem leer ausgehen und für ihre Mühe und Aufopferung nicht die geringste Entschädigung erhalten.

Unser Handelsgesetzbuch weist allerdings schon einen Fortschritt auf gegenüber manchen anderen Gesetzgebungen, die überhaupt keinerlei Belohnung für Lebensrettung zubilligen, aber genügend sind, wie wir später sehen werden, die Bestimmungen noch nicht.

Noch der preussische Entwurf eines Handelsgesetzbuches, der die Grundlage für die Beratungen der Commission zur Ausarbeitung eines allgemeinen deutschen Handelsgesetzbuches bildete, verwirft jegliche Belohnung und trifft nicht einmal für den vom Handelsgesetzbuch berücksichtigten Fall Vorkehrung. Die Motive zum Artikel 595 des Entwurfs sprechen dies deutlich aus indem sie sagen: „Auch wird Bergelohn nur für die Rettung von Sachen, niemals für die Rettung von Menschen bezahlt. Menschen sind nicht Object von Rechten; eine juristische Verpflichtung zur Zahlung einer Entschädigung für die auf Lebensrettung verwendete Mühe existiert deshalb nicht"

Dies ist einer von den Gründen, durch welche die Nichtgewährung von Vergütungen für Lebensrettung gerechtfertigt werden soll. Andere führen aus, es sei eine allgemeine Christenpflicht, in Lebensgefahr befindliche Menschen zu retten, und deshalb vermöge die Rettung von Menschenleben an sich keinen privatrechtlichen Anspruch auf Bergelohn zu begründen [1]).

III. Wenn wir im Anschluss hieran die Frage aufwerfen, ob die bestehenden Grundsätze über Gewährung eines Rettungslohnes für Rettung von Menschen zu billigen sind, so müssen wir meiner Ansicht nach zugestehen, dass die Beschränkung der Belohnung auf den Fall, dass zugleich Güter geborgen sind, den rettenden Personen gegenüber als ungerecht erscheint.

Dieser Grundsatz ist nur einmal im Falle des § 4 der Strandungsordnung schlechthin durchbrochen, denn der Überbringer der ersten Anzeige hat Anspruch auf eine angemessene Vergütung, mögen mit den Menschen zugleich Güter gerettet sein oder nicht. Ja, diese Vergütung kommt ihm selbst dann zu, wenn nicht einmal Menschen gerettet sind und er durch seine Handlung nur die Möglichkeit zur Rettung von Menschen gegeben hatte.

Eine Verallgemeinerung der vorstehenden Bestimmungen erscheint mir im höchsten Grade wünschenswert.

Denn haben sich nicht in jedem Falle die braven Leute, die es unternahmen, ihren gefährdeten Mitmenschen Hülfe zu bringen, vielleicht den grössten Anstrengungen und

---

[1]) Schröder in Endemann's Handbuch, Teil IV, Seite 294.

Gefahren ausgesetzt, ist ihre Handlungsweise nicht stets gleich anerkennenswert?

Meistens werden die rettenden Personen Strandbewohner oder Seeleute, in ärmlichen Verhältnissen lebende Leute sein, die durch Aufopferung ihrer Zeit eine vielleicht nicht geringe Einbusse an ihrem Verdienst erlitten haben.

Ja, häufig werden die Rettungsversuche, die meistens bei stürmischem Wetter stattfinden, schwerere Folgen nach sich ziehen, und die rettenden Personen sind in Folge einer erhaltenen Verletzung möglicherweise lange Zeit hindurch unfähig, ihrem Berufe obzuliegen. Und wird es nicht auch vorkommen, dass der brave Seemann, der für seine Mitmenschen sein Leben in die Schanze schlägt, in der Gefahr untergeht und eine unversorgte Familie hinterlässt?

Allerdings muss anerkannt werden, dass durch die Unfallversicherungsgesetzgebung des deutschen Reiches wenigstens teilweise dem Bedürfnis genügt ist, indem die in den Betrieben der unter die verschiedenen Gesetze fallenden Arbeitszweige angestellten Personen dann eine Entschädigung erhalten, wenn sie bei dem Rettungsversuche einen Unfall erleiden.

Aber dieser Schutz ist nicht ausreichend, da er den nicht versicherten Personen überhaupt nicht und den versicherten Personen dann nicht gewährt wird, wenn sie sich ausserhalb des Betriebes ihres Arbeitszweiges befinden.

Es erscheint mir geradezu als ein Unrecht, dass sich das Recht, das doch, wie wir gesehen haben, die Lebensrettung in mannigfacher Weise zu fördern und zu unterstützen sucht, dieser braven Lebensretter nicht wärmer angenommen hat und die Belohnung im allgemeinen lediglich in den guten Willen der geretteten Personen stellt oder von dem Zufalle abhängig macht, dass gerade in derselben Gefahr auch Güter gerettet werden, aus denen ein Rettungslohn entrichtet werden kann.

Bluntschli vertritt in seinem Werke „Das moderne Völkerrecht der civilisierten Staaten, als Rechtsbuch dargestellt" die Ansicht, dass die Frage der Gewährung eines Rettungslohnes gesetzlich zu regeln wäre, und ich glaube, dass man sich seiner Meinung rückhaltlos anschliessen kann.

Bluntschli schlägt im Artikel 336 und der dazu gehörigen Anmerkung, worin er vom Strandrecht spricht, vor, dass den rettenden und bergenden Uferbewohnern ein mässiger Rettungslohn, vorzüglich für die Rettung von Menschenleben, und ein mässiger Bergelohn für die Bergung von Gütern zugebilligt werde.

Die Personen, die in allen diesen Fällen gewöhnlich mit eigener Gefahr und schwerer Arbeit hülfreiche Dienste leisten, seien berechtigt, dafür einen Lohn zu beanspruchen.

Wenn auch das Leben ein unschätzbares Gut sei [1]), so sei doch die Arbeit für Erhaltung des Lebens wohl zu schätzen, und es sei zweckmässiger, im Interesse der Lebensrettung von Rechtswegen für diesen Lohn zu sorgen als alles von dem guten Willen der Beteiligten abhängig zu machen.

Kohler beschäftigt sich in dem schon erwähnten Aufsatze in Ihering's Jahrbüchern für die Dogmatik des heutigen römischen und deutschen Privatrechts mit derselben Frage und stellt ähnliche Forderungen auf.

---

[1]) Die letztere Meinung ist wohl auf L. 2 § 2 D. de lege Rhodia de jactu 14. 2 zurückzuführen, wo es heisst, dass die durch den Seewurf entstandenen Kosten wohl auf alle geretteten Güter, aber nicht auf die geretteten Menschen zu verteilen seien, da freie Menschen nicht geschätzt werden könnten.

Kohler weist auf die historische Entwickelung hin, welche die Belohnung für Lebensrettung genommen hat. Nach seinen Ausführungen verfiel ursprünglich der Gerettete dem Lebensretter wie der losgekaufte Gefangene dem Loskäufer, bis er sich durch Zahlung des Lebenspreises, des Wergeldes, losgekauft hatte.

Diese harten Grundsätze erfuhren zuerst eine Milderung durch die Bestimmung, dass das Wergeld eine gewisse Summe nicht überschreiten durfte, und allmählig wurde hieraus der gesetzliche Rettungslohn, so dass sich der Loskaufspreis in eine Belohnung der Menschenhülfe umwandelte.

Kohler weist darauf hin, dass im Gegensatz zu dieser Entwickelung die heutige Gesetzgebung im Princip den Grundsatz aufgestellt habe, dass die geretteten Personen nicht zur Begleichung der Rettungskosten beizutragen haben. Er hebt die Ungerechtigkeiten hervor, die dadurch entstehen können, dass die Belohnung des Lebensretters lediglich in das freie Ermessen der geretteten Person gestellt ist, und er fordert dringend eine Änderung dieses Systems durch Gewährung eines rechtlichen Anspruches auf Rettungslohn.

Bluntschli und Kohler vertreten insoweit also dieselbe Ansicht, aber, während Bluntschli den Rettungslohn aus dem geretteten Gute bezahlt wissen will, will Kohler in erster Linie die geretteten Personen dafür haftbar erklären.

Beide Wege erfüllen nicht den Zweck, da sie die Ansprüche der Lebensretter nicht sicherstellen und dadurch auch die Forderungen, die von der Menschlichkeit im Interesse der in Lebensgefahr befindlichen Personen erhoben werden, in ungenügender Weise schützen.

Die Mängel der Bluntschli'schen Ansicht, die in den Bestimmungen des Handelsgesetzbuches zum Ausdruck gekommen ist, sind bereits beleuchtet, es bleibt daher nur noch zu erörtern, in wiefern die von Kohler vorgeschlagene Regelung die Interessen der Lebensretter nicht genügend schützt.

Erstens werden in sehr vielen Fällen die geretteten Personen durch den Schiffbruch ihre ganze Habe verloren haben und nicht imstande sein, eine Belohnung zu bieten, und zweitens werden Fälle vorkommen, in denen sich die geretteten Personen, obwohl ihnen die Mittel zur Verfügung stehen, ihrer Verpflichtung zu entziehen suchen.

Die rettenden Strandbewohner und Seeleute sind in solchen Fällen also genötigt, wenn sie nicht ganz auf ihren Anspruch verzichten wollen, den weitläufigen und kostspieligen Weg der Klage zu betreten, um schliesslich vielleicht doch noch leer auszugehen.

Auch Harder in seinem Artikel über Schiffs- und Seerecht in Weiske's Rechtslexikon spricht sich für die Festsetzung einer persönlichen Haftung der geretteten Personen in folgender Weise aus:

„Bei der Rettung von Menschenleben richtet sich die Belohnung nach dem Vermögen der Geretteten. Man muss die Forderung einer solchen Belohnung aus demselben rechtspolitischen Grunde, der überhaupt den Bergelohn klagbar macht, für klagbar erklären. Die Aussicht auf eine sichere Belohnung wird nämlich die Rettung von Menschen deshalb leichter möglich machen, weil bekanntlich da, wo ein Gewinn in Aussicht steht, um des Gewinnes willen etwas gewagt wird."

Dass die Berechnung einer Belohnung nach den Harder'schen Grundsätzen vom ethischen Standpunkt aus völlig zu verwerfen ist, braucht wohl kaum hervorgehoben zu werden.

Harder will scheinbar, gerade wie beim Bergelohn für gerettete Güter, den Rettungslohn nach dem Wert der Person, und diesen wiederum nach deren Vermögen, bestimmen.

Eine solche Abstufung des Rettungslohnes ist aber geradezu absurd, da sich erstens vom ethischen Standpunkt aus kein Unterschied zwischen mehr- und minderwertigen Menschen machen lässt und da zweitens derjenige, der einem armen Manne das Leben gerettet hat, weniger Anerkennung finden würde als derjenige, der einen reichen Mann gerettet hat.

Die Belohnung müsste also, da jeder Lebensretter dieselbe Anerkennung verdient und, damit nicht die rettenden Personen in die Versuchung geführt würden, die reichen gefährdeten Menschen zu retten, die armen aber untergehen zu lassen, mindestens in gleicher Höhe bestimmt werden.

Aber auch hierin würde noch eine gewisse Härte liegen. Denn, wenn auch der arme wie der reiche Mann den Willen hätte, die Belohnung, die immerhin in Ansehung der geleisteten Arbeit und ausgestandenen Gefahr reichlich zu bemessen wäre, zu bezahlen, so würde es ersterem vielleicht mit dem besten Willen nicht möglich sein, oder die allmählige Bezahlung würde vielleicht auf Jahre hinaus eine drückende Last für ihn sein, während der reiche Mann die Entschädigung bei seinem grossen Vermögen kaum vermissen würde.

Die bisherigen Vorschläge erfüllen also ihren Zweck, die Lebensrettung zu fördern und Rettern wie Geretteten in gleicher Weise gerecht zu werden, durchaus nicht, und es bleibt festzustellen, auf welche Weise das Ziel am besten und vollkommensten zu erreichen wäre.

IV. Zweifellos würden die Interessen der gefährdeten Personen und derjenigen, die bereit sind, Hülfe zu bringen, am besten gewahrt, wenn der Staat[1]) die Verpflichtung auf sich nähme, wenigstens subsidiär eine Entschädigung für die bei der Lebensrettung gemachten Aufwendungen und eine Belohnung für die Lebensrettung zu gewähren. Ob in erster Linie nur die etwa geretteten Güter haften sollen oder ob eine persönliche Haftung der Geretteten daneben anzuerkennen wäre, will ich dahin gestellt sein lassen.

Es bleibt zu prüfen, ob die Übernahme einer solchen Verpflichtung seitens des Staates in den Rahmen der ihm gestellten Aufgaben hinein passt.

Der Staat trifft auf allen Gebieten unzählige Einrichtungen und Vorschriften, aus denen erhellt, dass er sich der Aufgabe, die Hülfsbedürftigen und Notleidenden zu schützen und zu unterstützen, wohl bewusst ist.

Wie wir schon im Eingang unserer Betrachtung feststellten, verfolgen auch die mannigfaltigen im Interesse der Seeschifffahrt erlassenen Vorschriften und getroffenen Einrichtungen, die Rettungsstationen, Seeämter, Leuchttürme und andere Vorrichtungen den Zweck, dieser Aufgabe des Staates gerecht zu werden.

Über diese Aufgabe schreibt auch Bluntschli in dem bereits erwähnten Werke, indem er sie „eine subsidiäre Pflicht des Staates nennt, das Leben seiner Angehörigen

---

[1]) Vergl. hierzu und zu dem Folgenden die interessante Schrift von Sainctelette, „Fragment d'une Etude sur l'assistance maritime". Bruxelles 1885.

im Notfalle zu schützen, eine Pflicht, welche freilich noch immer nicht in dem Umfange anerkannt sei, in welchem sie es verdiene".

Wir haben gesehen, dass der Staat diese Pflicht in mannigfacher Weise zu erfüllen sucht, und die Strandungsordnung, sowie das Gesetz, betreffend die Verpflichtung deutscher Kauffahrteischiffe zur Mitnahme hülfsbedürftiger Seeleute legen Zeugnis davon ab, dass der Staat auch verpflichtet und bereit ist, für die Unterstützung, die den unter seinem Schutze stehenden Personen geleistet ist, subsidiär einzustehen.

Für die durch die genannten Gesetze geforderten Leistungen und Aufwendungen steht subsidiär der Staat dann ein, wenn ein Ersatz nach den Grundsätzen des Handelsgesetzbuches nicht zu erlangen ist oder die unterstützten Seeleute nicht in der Lage sind, für die in ihrem Interesse gemachten Leistungen aufzukommen.

Da der Staat in diesen Fällen die Unterstützung ausdrücklich befohlen hat, so kann es nicht zweifelhaft sein, dass er auch für die Folgen seiner Befehle einzustehen hat, aber diese sind wiederum hervorgegangen aus dem Bewusstsein, das Leben der Mitglieder im Notfalle schützen zu müssen.

Und wie daher die Übernahme der Entschädigungslast ihren letzten Grund hat in dieser erwähnten Pflicht des Staates, so sollte der Staat die Entschädigung für die Hülfsleistung auch da übernehmen, wo sie nicht auf ausdrücklichen Befehl, sondern freiwillig geleistet ist.

Denn, wie die Rechtsordnung anerkennt, dass die Unterstützung eines Mitmenschen auch da in Schutz zu nehmen ist, wo sie nicht durch ein besonderes gesetzliches Gebot vorgeschrieben ist, sondern lediglich aus der sittlichen Verpflichtung und freiem Entschlusse entspringt, so sollte der Staat auch anerkennen, dass derjenige, der ohne ausdrücklichen staatlichen Befehl Menschen gerettet oder durch Hergabe von Gütern zu der Rettung derselben beigetragen hat, ebensowohl den Staat in seiner Aufgabe, für die Notleidenden zu sorgen, unterstützt hat und deshalb Ersatz seiner Leistungen fordern kann wie derjenige, der auf bestimmten Befehl hin gehandelt hat.

Aber wer in Gefahr befindliche Menschen rettet, unterstützt den Staat nicht nur in der erwähnten Aufgabe und nimmt ihm dadurch Lasten ab, sondern er ist noch in anderer Beziehung direct in seinem Interesse thätig, da dem Staate an der Erhaltung des Lebens seiner Angehörigen gelegen sein muss.

Und wenn es sich um gefährdete Ausländer handelt, so können doch ebenso Angehörige des heimischen Staates in die gleiche Gefahr geraten, und nach den Gesichtspunkten der Reziprozität liegt also auch dann ein Interesse des heimischen Staates vor.

Es rechtfertigt sich mithin eine, wenn auch nur subsidiäre Ersatzpflicht des Staates auch aus dem Gesichtspunkte, dass zwar in erster Linie die zur Rettung eines Menschen vorgenommenen Handlungen diesem, in zweiter Linie aber dem Staate zugute kommen und dass der Staat auch aus diesem Grunde wenigstens subsidiär für den Ersatz der Aufwendungen aufzukommen hat.

Diesem Gedanken hat England auf dem Gebiete des Seerechts Rechnung getragen, weswegen dessen einschlägige Gesetze hier noch in der Kürze besprochen werden mögen.

Es kommen in Betracht The English Merchant Shipping Act von 1854 und 1862 und The Admiralty Court Act von 1861.

Durch Abschnitt VII der English Merchant Shipping Act von 1854 ist ein Mercantile Marine Fund gegründet, der laut Art. 417 aus bestimmten Abgaben gebildet wird und laut Art. 418 u. a. folgenden Zweck hat:

„The said fund shall be chargeable with expenses for establishing and maintaining on the coasts of the United Kingdom proper lifeboats, with the necessary crews and equipment, and for affording assistance towards the preservation of life and property in cases of shipwreck and distress at sea, and for rewarding the preservation of life in such cases as the Board of Trade directs".

Über die Gewährung eines Rettungslohnes enthält das Gesetz in Art. 458 dann zunächst die Bestimmung, dass derselbe aus den geretteten Gegenständen bezahlt werden soll, doch erfährt dieser Grundsatz eine Modification durch den Artikel 459, der folgenden Wortlaut hat:

„Salvage in respect of the preservation of life or lives of any person or persons belonging to any such ship or boat as aforesaid shall be payable by the owners of the ship or boat in priority to all other claims for salvage; and in cases where such ship or boat is destroyed, or where the value thereof is insufficient, after payment of the actual expenses incurred, to pay the amount of salvage due in respect of any life or lives, the Board of trade may in its discretion award to the salvors of such life or lives out of the Mercantile Marine Fund such sum or sums as it deems fit in whole or part satisfaction of any amount of salvage so left unpaid in respect of such life or lives."

Die englische Gesetzgebung unterscheidet sich also von den Bestimmungen unseres Handelsgesetzbuches dadurch, dass

1) dem **Rettungslohn** für die Rettung von **Menschenleben** eine **Priorität** vor den übrigen aus der Rettungshandlung herzuleitenden Ansprüchen eingeräumt wird und dass
2) da, wo keine Güter geborgen sind oder wo der Wert der geborgenen Güter nicht ausreicht, um den Rettungslohn für Menschenrettung zu zahlen, der Board of Trade berechtigt ist, nach seinem Ermessen eine Belohnung aus dem Mercantile Marine Fund zu gewähren.

Es ist anzuerkennen, dass durch diese englische Gesetzgebung den Interessen der Hülfsbedürftigen wie der Hülfeleistenden in fürsorglicherer Weise Rechnung getragen wird als dies bislang durch unsere Gesetzgebung geschehen ist. Es würde daher im Interesse der Humanität liegen, wenn die Prinzipien des englischen Rechts, die übrigens bereits in den Bestimmungen der Strandungsordnung § 10 und des Gesetzes, betreffend die Verpflichtung deutscher Kauffahrteischiffe zur Mitnahme hülfsbedürftiger Seeleute, vom 27. Decbr. 1872 § 6 Ausdruck gefunden haben, allgemeine Verbreitung fänden.

Die englische Gesetzgebung nimmt jedoch noch in anderer Beziehung einen eigentümlichen und bemerkenswerten Standpunkt ein.

The English Merchant Shipping Act von 1854 betraf ursprünglich nur solche Rettungs- und Bergungshandlungen, die sich auf „any ship or boat stranded or otherwise in distress on the shore of any sea or tidal water situate within the limits of the United Kingdom" bezogen, doch wurden durch die Admiralty Court Act von 1861 die Vorschriften über Gewährung eines **Rettungslohnes** für **Menschenrettung** bereits ausgedehnt auf alle Fälle, in denen die Dienste einem englischen Schiffe und auf solche Fälle, in denen die Dienste ganz oder teilweise einem ausländischen Schiffe in englischen Gewässern geleistet waren.

Und durch The English Merchant Shipping Act von 1862 ist ferner gesagt, dass die Belohnung für **Rettung von Menschenleben** auch dann gewährt werden kann, wenn die Dienste einem fremden Schiffe in Gewässern, die nicht der britischen Jurisdiction unterstehen, geleistet worden sind, vorausgesetzt, dass der Staat, dem das betreffende Schiff angehört, an die englische Regierung einen darauf abzielenden Antrag stellt.

Es ist nicht zu leugnen, dass die englische Gesetzgebung, indem sie unter Umständen sogar einen Rettungslohn zahlt für Rettungshandlungen, die gang ausserhalb ihrer Interessensphäre liegen, der Forderung der Humanität in weitgehendster Weise Rechnung trägt.

Man sollte meinen, dass das englische Beispiel sehr bald, bei den übrigen Grossstaaten wenigstens, hätte Nachahmung finden müssen, schon um Reziprozität eintreten lassen zu können, doch scheint dies bislang nicht der Fall gewesen zu sein.

V. Der zuletzt erörterte Punkt hat uns schon die Frage nahegeführt, ob nicht eine völkerrechtliche Regelung des Hülfs- und Rettungslohnes zu empfohlen sein würde.

Hierbei kann ich mich in der Hauptsache auf eine Wiedergabe der von Bluntschli in seinem mehrfach citierten Werke ausgesprochenen Ansichten beschränken.

In den Artikeln 337/338 nebst Anmerkungen erkennt Bluntschli eine völkerrechtliche Verpflichtung der Uferstaaten an, alle zur Rettung in Seenot befindlicher Schiffe dienenden öffentlichen Anstalten auch im Dienste der gefährdeten fremden Schiffe ohne Unterschied der Nationalität oder Religion zu verwenden und ausserdem die schiffbrüchigen Personen und Güter möglichst zu schützen und zu bewahren.

Für die Auslagen, welche ein Staat zur Rettung und zum Unterhalt des Lebens fremder Schiffbrüchiger gemacht hat, erkennt Bluntschli ihm ein Regressrecht gegen den Heimatstaat des Geretteten zu. Denn, so führt Bluntschli aus, indem der eine Staat für die Fremden in ihrer Not sorge, leiste er damit auch dem Heimatstaate einen Dienst, nämlich das, was dieser nach natürlichem Recht in der Not seiner Angehörigen für dieselben zu leisten hätte. Durch Anerkennung dieses Regressrechtes würde eher und besser für Hülfe gesorgt und zugleich das richtige Verhältnis der Küstenländer gegenüber den Binnenländern gewahrt.

Bluntschli's Ansicht scheint durchaus zutreffend zu sein, und ich glaube nicht, dass, wenn internationale Vereinbarungen über die aufgeworfene Frage angebahnt werden sollten, irgend ein Staat ihre Richtigkeit leugnen könnte.

Es ist in neuerer Zeit vielfach, und besonders auch gelegentlich der Beratungen des Congresses für internationales Recht in Antwerpen im Jahre 1885 und 1888 die Forderung erhoben, im Verkehr der civilisierten Völker gleiche Seerechts- und Wechselrechtsnormen einzuführen.

Auch gerade auf die gegenseitige Unterstützungspflicht der auf See befindlichen Schiffe hat der Antwerpener Congress hingewiesen und die Aufstellung des Satzes verlangt, dass jeder Capitain, der ein fremdes, ja selbst ein feindliches Schiff in Seenot anträfe, verpflichtet sein solle, ihm jede mögliche Hülfe zu gewähren bei Vermeidung gesetzlicher Strafen.

Darüber, ob es zweckmässig sein würde, die Unterstützung notleidender Schiffe selbst unter Androhung von gesetzlichen Strafen zu gebieten, lässt sich streiten, da einmal ethische und zweitens wegen der Schwierigkeit der Beweisfrage auch practische Gründe dagegen sprechen können.

Aber eine allgemeine rechtliche Anerkennung der Rettungspflicht und der staatlichen Ersatzpflicht für geleistete Hülfe scheint mir sehr wünschenswert zu sein und durchaus in den Rahmen internationaler Vereinbarungen hineinzupassen.

Oder man könnte, wie von manchen Seiten vorgeschlagen ist, durch Schaffung eines internationalen Fonds, aus dem Belohnungen und Entschädigungen für Rettung von Menschenleben gewährt würden, für die Bedürfnisse der seefahrenden Personen sorgen.

Die Bildung eines solchen internationalen Fonds scheint mir aber einesteils mit vielen Schwierigkeiten und Umständen verknüpft zu sein und andererseits weit weniger Garantie zu bieten als es eine internationale Verpflichtung aller civilisierten Staaten unter einander, für die ihren Angehörigen geleistete Unterstützung einzutreten, thun würde.

Dies ist meiner Ansicht nach der einzige Weg, auf dem allein der Forderung der Menschlichkeit, in Lebensgefahr befindliche Menschen zu retten, deren Begründetsein gewiss von jedermann und, wie wir sehen, auch von der Gesetzgebung und Rechtsprechung des deutschen Reichs anerkannt ist, Genüge geschehen könnte.

Nur wenn der Staat, und in zweiter Linie die Gesammtheit aller civilisierten Staaten für dies vornehmste Gebot der Menschlichkeit eintritt, kann den notleidenden Schiffbrüchigen geholfen und für die Interessen der hülfsbereiten und Rettung bringenden Personen in ausreichender Weise gesorgt werden.

Und ist es nicht, um mit Bluntschli's Worten diese Abhandlung zu schliessen, die Aufgabe der civilisierten Völker, eine allgemein als bestehend anerkannte Forderung der Menschlichkeit in ihrem gegenseitigen Verkehr zur Anwendung zu bringen? Die civilisierten Nationen sind nach Bluntschli vorzugsweise berufen und befähigt, das gemeine Rechtsbewusstsein der Menschheit auszubilden, und sie in erster Linie sind verpflichtet, die Forderungen derselben zu erfüllen.

Das Wesen der Civilisation aber besteht, wie schon der grosse Dante erklärt hat, in der harmonischen Ausbildung universeller Menschlichkeit, der Humanität, und Bluntschli sieht als die civilisatorische Aufgabe des Völkerrechts die Ausbildung einer humanen Weltordnung, eines humanen Weltrechts, an.

Und vielleicht würde die internationale Regelung der Unterstützungspflicht und Gewährung eines Rettungslohnes nebst einer Entschädigung wegen Aufwendungen bei Rettungshandlungen einen kleinen Stein in diesem grossen Bau der humanen Weltordnung ausmachen können.

Sie würde, wie Bluntschli's Worte es treffend ausdrücken, eine Äusserung sein des in der Gegenwart mehr und mehr zu Tage tretenden Bewusstseins, nicht blos, dass die Menschheit in Natur und Bestimmung ein Gesammtwesen sei, sondern überdem, dass auch in der Menschheit gemeinsame Rechtsgrundsätze zur Geltung kommen müssen.